Impressum
Verlag: BABADADA GmbH, Nedderfeld 112 , 22529 Hamburg
Geschäftsführer / Verlagsleitung: Harald Hof
Druck: Books on Demand GmbH, In de Tarpen 42, 22848 Norderstedt

Imprint
Publisher: BABADADA GmbH, Nedderfeld 112 , 22529 Hamburg, Germany
Managing Director / Publishing direction: Harald Hof
Print: Books on Demand GmbH, In de Tarpen 42, 22848 Norderstedt

學校

el colegio

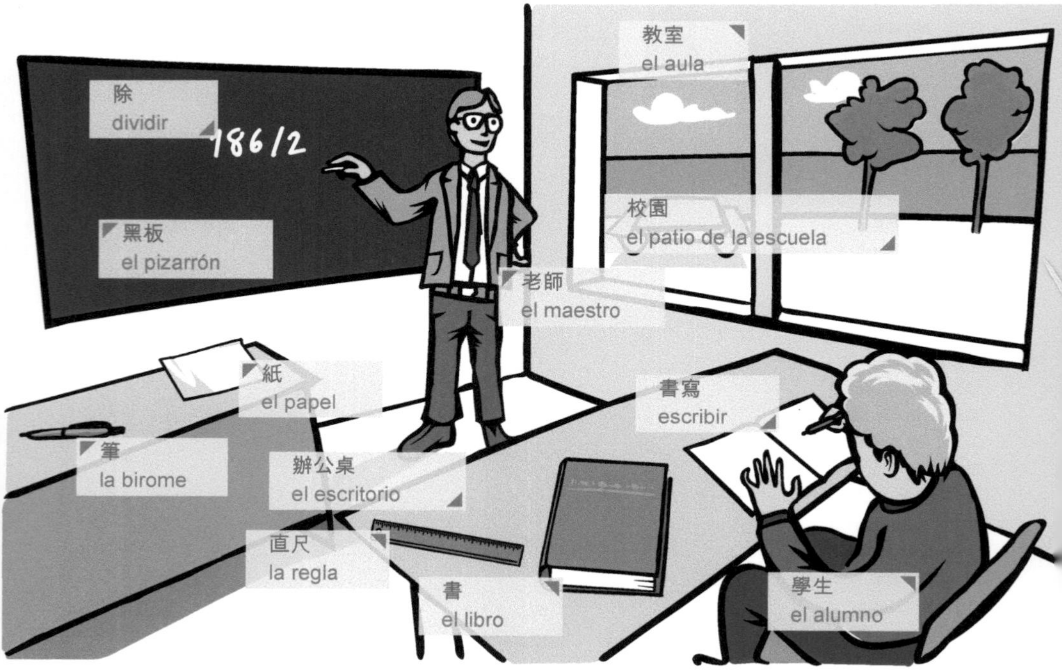
教室
el aula
除
dividir
186/2
黑板
el pizarrón
校園
el patio de la escuela
老師
el maestro
紙
el papel
書寫
escribir
筆
la birome
辦公桌
el escritorio
直尺
la regla
書
el libro
學生
el alumno

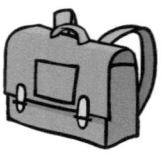

書包

la mochila

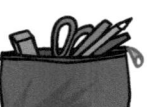

鉛筆盒

la caja de lápices

鉛筆

el lápiz

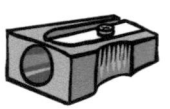

削鉛筆機

el sacapuntas

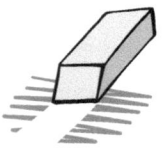

橡皮擦

la goma (de borrar)

畫板

el bloc de dibujo

圖畫
el dibujo

畫筆
el pincel

顏料盒
la caja de pinturas

剪刀
la tijera

膠水
el pegamento

練習冊
el cuaderno de ejercicios

家庭作業
la tarea

12

數字
el número

2+2

加
sumar

5-2

減
restar

2×2

乘
multiplicar

計算
calcular

A

字母
la letra

ABCDEFG
HIJKLMN
OPQRSTU
VWXYZ

字母表
el abecedaric

hello

字
la palabra

課文

el texto

讀

leer

粉筆

la tiza

上課

la lección

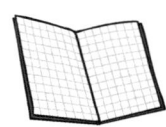

登記

el cuaderno de clase

考試

el examen

證書

el certificado

校服

el uniforme escolar

教育

la educación

百科全書

la enciclopedia

大學

la universidad

顯微鏡

el microscopio

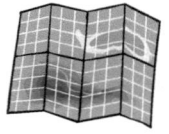

地圖

el mapa

廢紙簍

el tacho (de basura)

旅行

el viaje

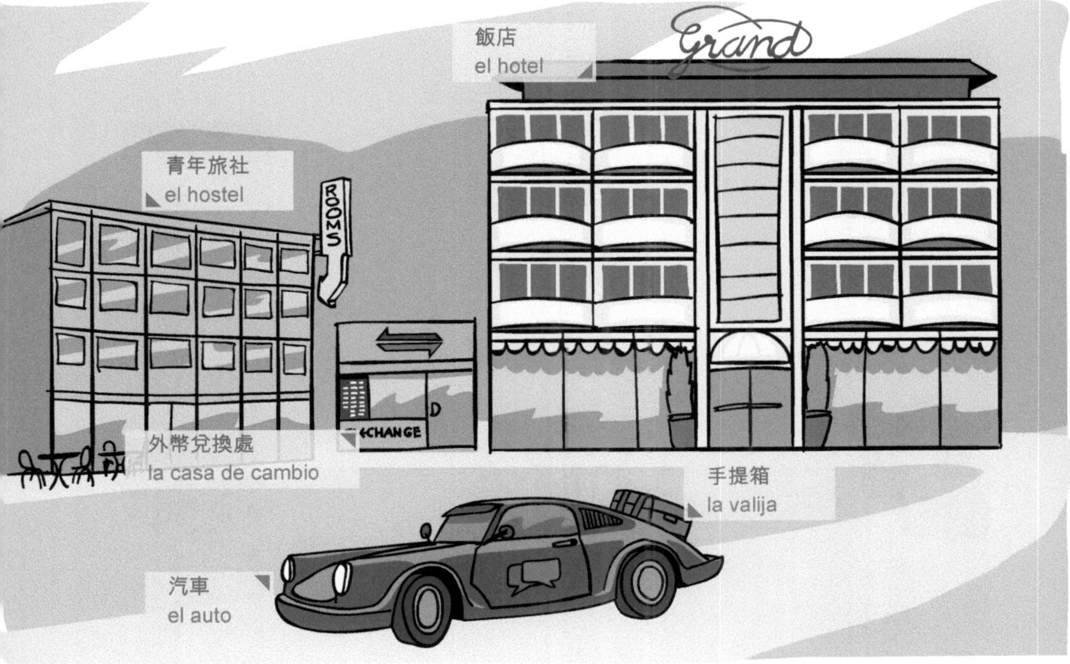

Grand
飯店
el hotel
青年旅社
el hostel
ROOMS
外幣兌換處
la casa de cambio
手提箱
la valija
汽車
el auto

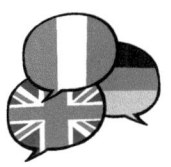

語言

el idioma

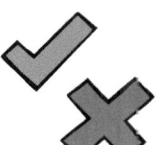

是/否

sí / no

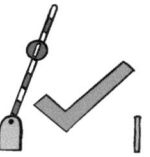

好的

Está bien

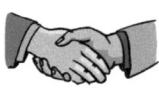

您好

hola

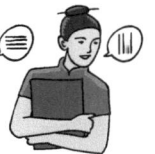

翻譯人員

el traductor

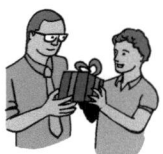

謝謝

Gracias

……多少錢？

¿cuánto cuesta…?

我不明白

No entiendo

問題

el problema

晚上好！

¡Buenas tardes!

早上好！

¡Buenos días!

晚安！

¡Buenas noches!

再見

el adiós

方向

la dirección

行李

el equipaje

包

el bolso

背包

la mochila

客人

el invitado

房間

la habitación

睡袋

la bolsa de dormir

帳篷

la carpa

旅行資訊

la información turística

海灘

la playa

信用卡

la tarjeta de crédito

早餐

el desayuno

午餐

el almuerzo

晚餐

la cena

票

el pasaje

電梯

el ascensor

郵票

el sello

邊界

la frontera

海關

la aduana

大使館

la embajada

簽證

la visa

護照

el pasaporte

交通運送

el transporte

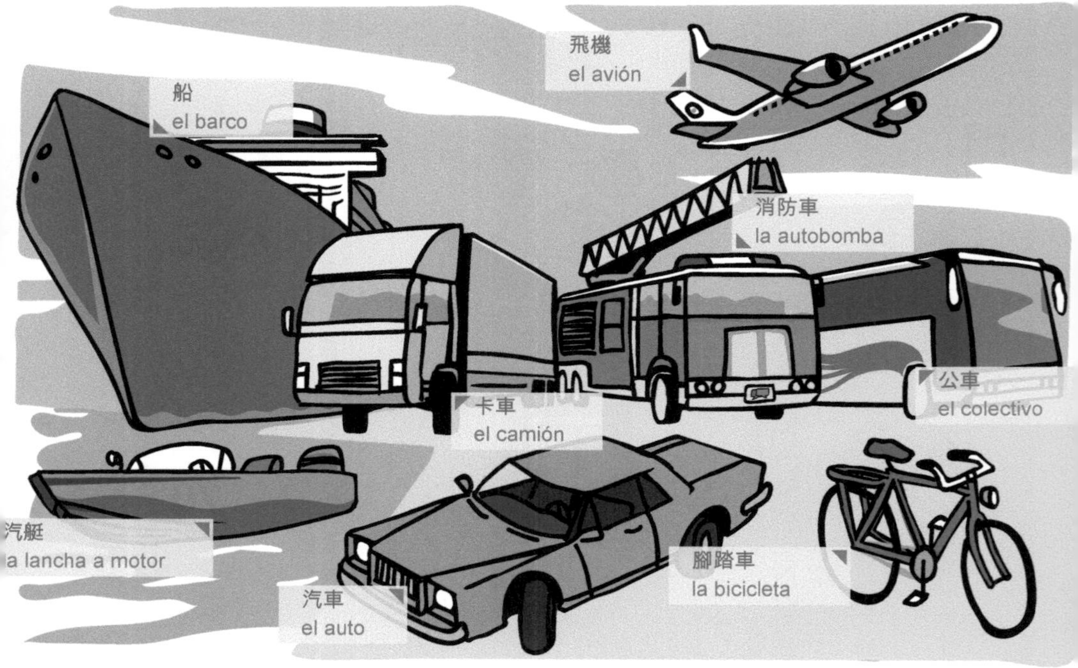

飛機
el avión
船
el barco
消防車
la autobomba
公車
el colectivo
卡車
el camión
汽艇
a lancha a motor
腳踏車
la bicicleta
汽車
el auto

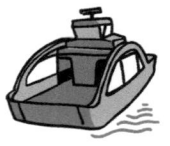

渡輪

el ferry

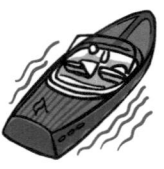

小船

el bote

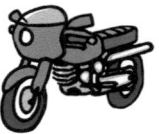

機車

la moto

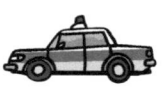

警車

el patrullero

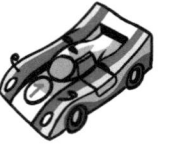

賽車

el auto de carreras

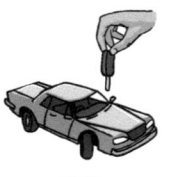

租車

el auto de alquiler

拼車

el alquiler de autos

拖車

la grúa

垃圾車

el camión de la basura

馬達

el motor

汽油

la nafta

加油站

la estación de servicio

交通標識

la señal de tránsito

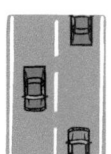

交通

el tránsito

交通堵塞

el embotellamiento

停車場

el estacionamiento

火車站

la estación de tren

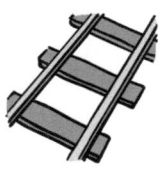

軌道

las vías

火車

el tren

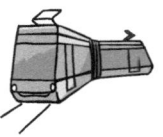

路面電車

el tranvía

客車廂

el vagón

直升機
el helicóptero

機場
el aeropuerto

塔
la torre

乘客
el pasajero

集裝箱
el contenedor

紙板箱
la caja de cartón

手推車
la carretilla

籃子
la canasta

起飛/降落
despegar / aterrizar

城市

la ciudad

村莊
el pueblo

市中心
el centro de la ciudad

房子
la casa

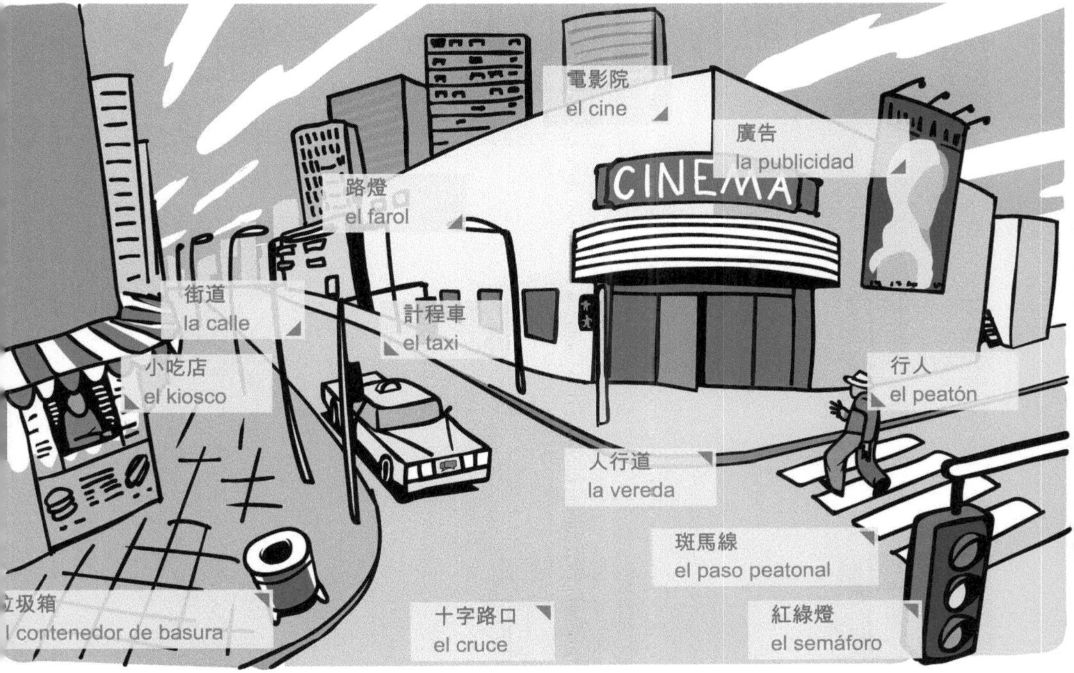
電影院
el cine
廣告
la publicidad
CINEMA
路燈
el farol
街道
la calle
計程車
el taxi
小吃店
el kiosco
行人
el peatón
人行道
la vereda
斑馬線
el paso peatonal
垃圾箱
l contenedor de basura
十字路口
el cruce
紅綠燈
el semáforo

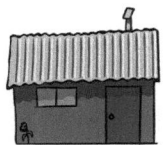

小屋

la cabaña

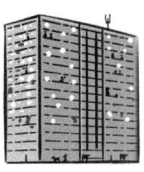

公寓

el departamento

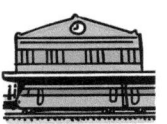

火車站

la estación de tren

市政廳

la municipalidad

MUSEUM

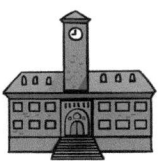

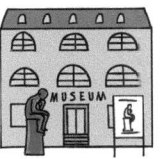

博物館

el museo

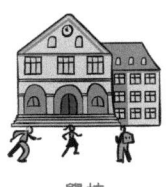

學校

el colegio

大學

la universidad

銀行

el banco

醫院

el hospital

飯店

el hotel

藥房

la farmacia

辦公室

la oficina

書店

la librería

商店

el negocio

花店

la florería

超市

el supermercado

市場

el mercado

百貨商店

las grandes tiendas

魚店

la pescadería

購物中心

el centro comercial

海港

el puerto

公園

el parque

長凳

el banco

橋

el puente

樓梯

las escaleras

捷運

el subte

隧道

el túnel

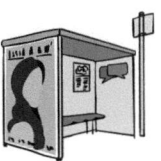

公車站

la parada del colectivo

酒吧

el bar

餐館

el restaurante

郵筒

el buzón

路標

el letrero

停車計時器

el parquímetro

動物園

el zoológico

游泳池

la pileta

清真寺

la mezquita

農場

la granja

污染

la contaminación

墓地

el cementerio

教堂

la iglesia

操場

los juegos infantiles

寺廟

el templo

地形
el paisaje

樹葉
la hoja

指示牌
el poste indicador

路
el camino

草地
la pradera

石頭
la piedra

樹
el árbol

徒步旅行者
el excursionista

河
el río

草
la hierba

花
la flor

峽谷

el valle

丘陵

la montaña

湖

el lago

森林

el bosque

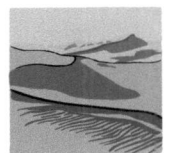

沙漠

el desierto

火山

el volcán

城堡

el castillo

彩虹

el arco iris

蘑菇

el champiñón

棕櫚樹

la palmera

蚊子

el mosquito

蒼蠅

la mosca

螞蟻

la hormiga

蜜蜂

la abeja

蜘蛛

la araña

地形 - el paisaje

甲蟲

el escarabajo

青蛙

la rana

松鼠

la ardilla

刺蝟

el erizo

野兔

la liebre

貓頭鷹

la lechuza

鳥

el pájaro

天鵝

el cisne

野豬

el jabalí

鹿

el ciervo

麋鹿

el alce

水壩

la presa

風力發電機

el aerogenerador

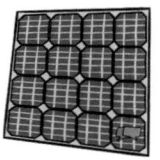

太陽能電池板

el panel solar

氣候

el clima

el restaurante

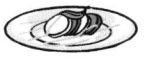

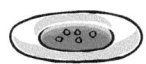

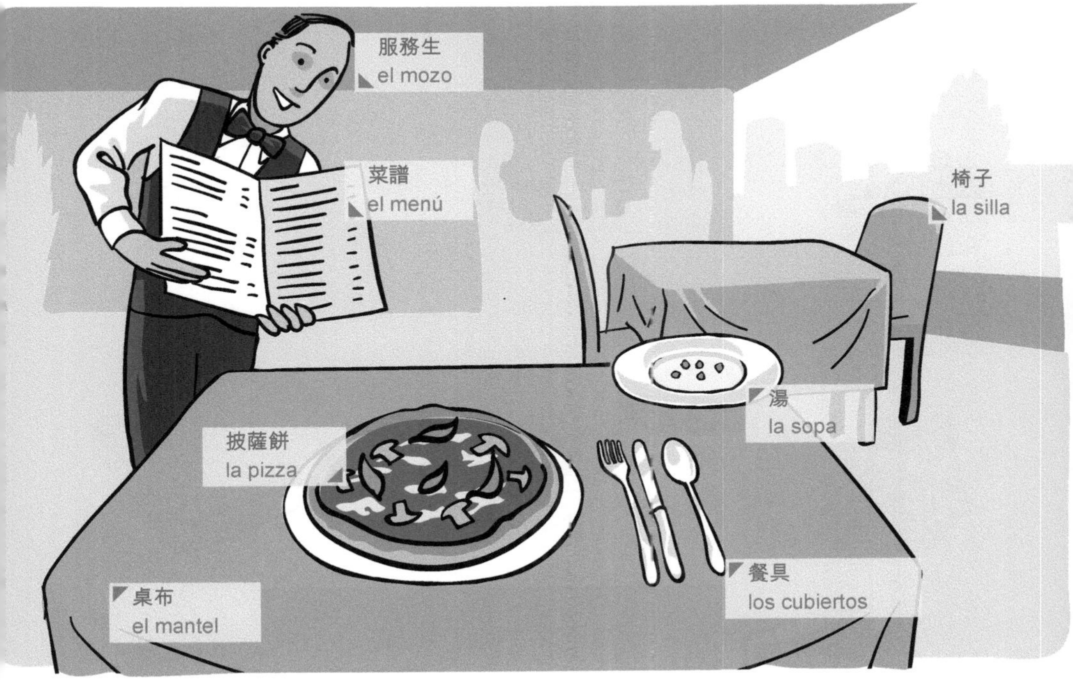
服務生
el mozo
菜譜
el menú
椅子
la silla
湯
la sopa
披薩餅
la pizza
餐具
los cubiertos
桌布
el mantel

前菜

la entrada

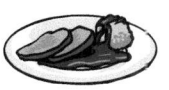

主菜

el plato principal

甜點

el postre

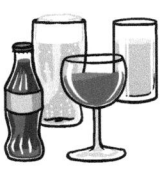

飲料

las bebidas

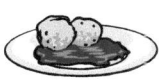

食物

la comida

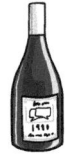

瓶子

la botella

速食

la comida rápida

街邊小吃

la comida callejera

茶壺

la tetera

糖盒

la azucarera

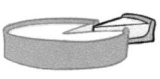

一份飯菜

la porción

義式咖啡機

la cafetera expreso

高腳椅

la sillita alta

帳單

la cuenta

托盤

la bandeja

刀

el cuchillo

餐叉

el tenedor

勺子

la cuchara

茶匙

la cucharita

餐巾

la servilleta

玻璃杯

el vaso

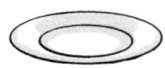

碟子

el plato

湯盤

el plato hondo

碟子

el plato

醬

la salsa

鹽瓶

el salero

胡椒研磨罐

el molinillo de pimienta

醋

el vinagre

食用油

el aceite

調味料

las especias

番茄醬

el kétchup

芥末

la mostaza

美乃滋

la mayonesa

超市

el supermercado

特價
la oferta especial
顧客
el cliente
乳製品
los lácteos
水果
la fruta
購物車
el changuito
FOR

BUTCHERS

肉鋪

la carnicería

BAKERY

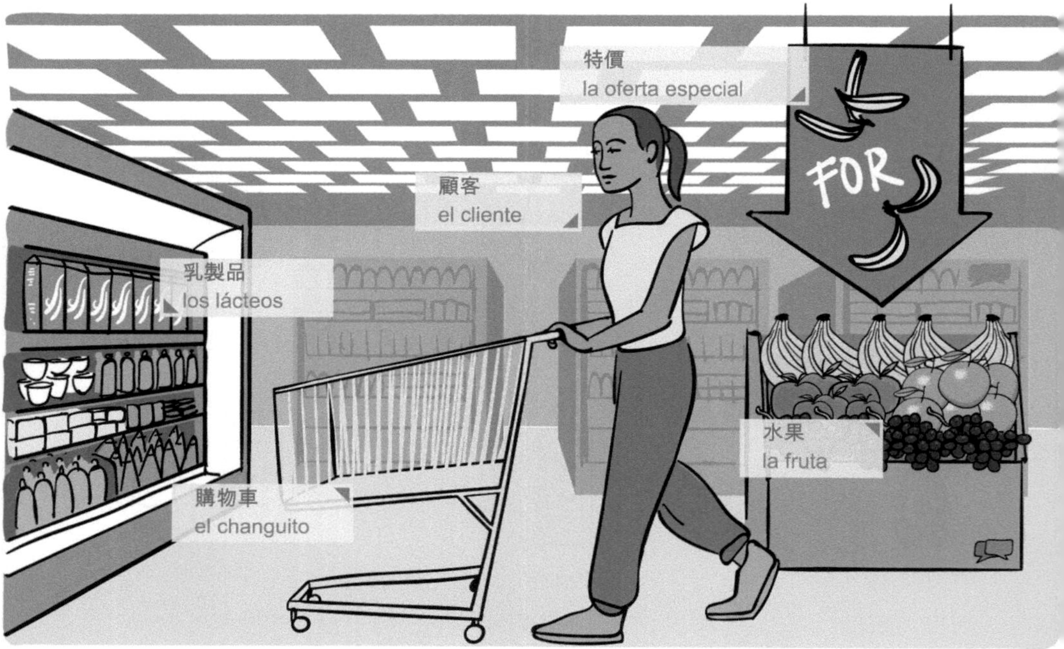

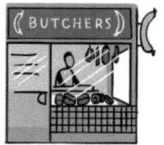

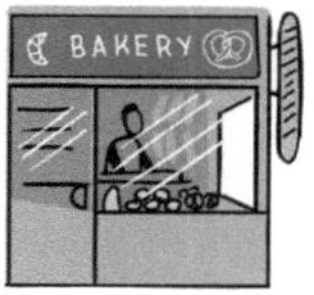

麵包店

la panadería

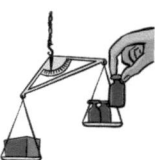

稱重

pesar

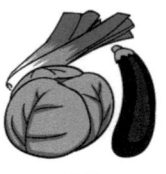

蔬菜

las verduras

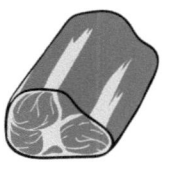

肉

la carne

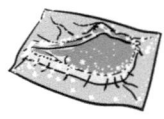

冷凍食品

los alimentos congelados

冷盤

los fiambres

罐頭食品

los alimentos enlatados

洗衣粉

el detergente en polvo

甜食

las golosinas

日用品

los electrodomésticos

清潔用品

los productos de limpieza

銷售員

la vendedora

收銀機

la caja

收銀員

el cajero

購物清單

la lista de compras

開放時間

el horario de atención

錢包

la billetera

信用卡

la tarjeta de crédito

袋子

la cartera

塑膠袋

la bolsa de plástico

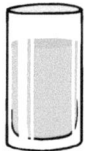

水

el agua

果汁

el jugo

牛奶

la leche

可樂

la bebida cola

紅酒

el vino

啤酒

la cerveza

酒

el alcohol

可可

el cacao

茶

el té

咖啡

el café

義式濃縮咖啡

el café expreso

卡布奇諾

el cappuccino

香蕉

la banana

蘋果

la manzana

柳丁

la naranja

西瓜

el melón

檸檬

el limón

胡蘿蔔

la zanahoria

大蒜

el ajo

竹子

el bambú

洋蔥

la cebolla

蘑菇

el champiñón

堅果

las nueces

麵條

los fideos

義大利麵

los tallarines

米飯

el arroz

沙拉

la ensalada

薯條

las papas fritas

炸馬鈴薯

las papas fritas

披薩餅

la pizza

漢堡

la hamburguesa

三明治

el sándwich

炸豬排

el churrasco

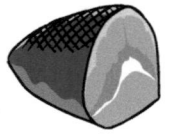

火腿

el jamón

義大利臘腸

el salame

香腸

la salchicha

雞肉

el pollo

烤肉

el asado

魚

el pescado

燕麥片

los copos de avena

木斯里

el muesli

玉米片

los copos de maíz

麵粉

la harina

牛角麵包

la medialuna

麵包捲

el pancito

麵包

el pan

吐司

la tostada

餅乾

las galletitas

奶油

la manteca

凝乳

la cuajada

蛋糕

la torta

蛋

el huevo

煎蛋

el huevo frito

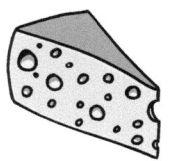

起司

el queso

食物 - la comida

冰淇淋

el helado

糖

el azúcar

蜂蜜

la miel

果醬

la mermelada

巧克力醬

la pasta de chocolate

咖哩

el curry

農場

la granja

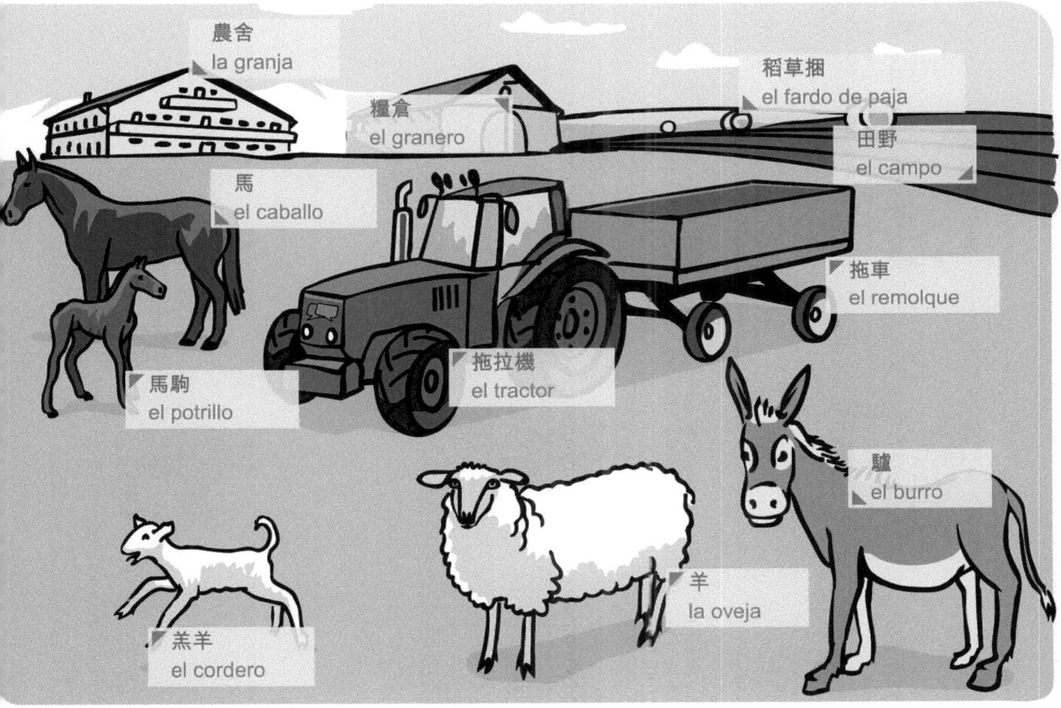
農舍
la granja
糧倉
el granero
稻草捆
el fardo de paja
田野
el campo
馬
el caballo
拖車
el remolque
拖拉機
el tractor
馬駒
el potrillo
驢
el burro
羊
la oveja
羔羊
el cordero

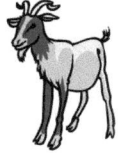

山羊

la cabra

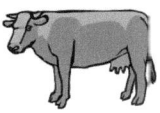

奶牛

la vaca

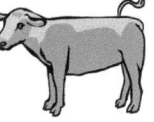

小牛

el ternero

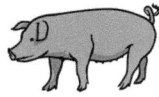

豬

el cerdo

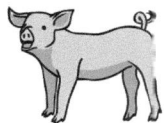

小豬

el lechón

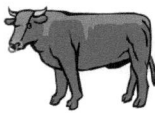

公牛

el toro

鵝

el ganso

鴨

el pato

小雞

el pollo

母雞

la gallina

公雞

el gallo

鼠

la rata

貓

el gato

老鼠

el ratón

牛

el buey

狗

el perro

狗屋

la cucha

花園澆水軟管

la manguera

澆水壺

la regadera

長柄大鐮刀

la guadaña

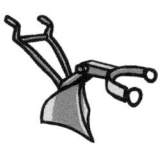

犁

el arado

鐮刀

la hoz

鋤頭

la azada

長柄草耙

la horquilla

斧頭

el hacha

獨輪手推車

la carretilla

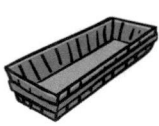

飼料槽

el abrevadero

牛奶罐

la lechera

麻布袋

la bolsa

柵欄

la reja

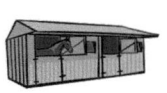

馬廄

el establo

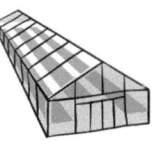

溫室

el invernadero

土壤

el suelo

種子

la semilla

肥料

el fertilizador

聯合收割機

la cosechadora

收割

cosechar

收割

la cosecha

地瓜

las batatas

小麥

el trigo

大豆

la soja

土豆

la papa

玉米

el maíz

油菜籽

la semilla de colza

果樹

el árbol frutal

樹薯

la mandioca

穀物

los cereales

la casa

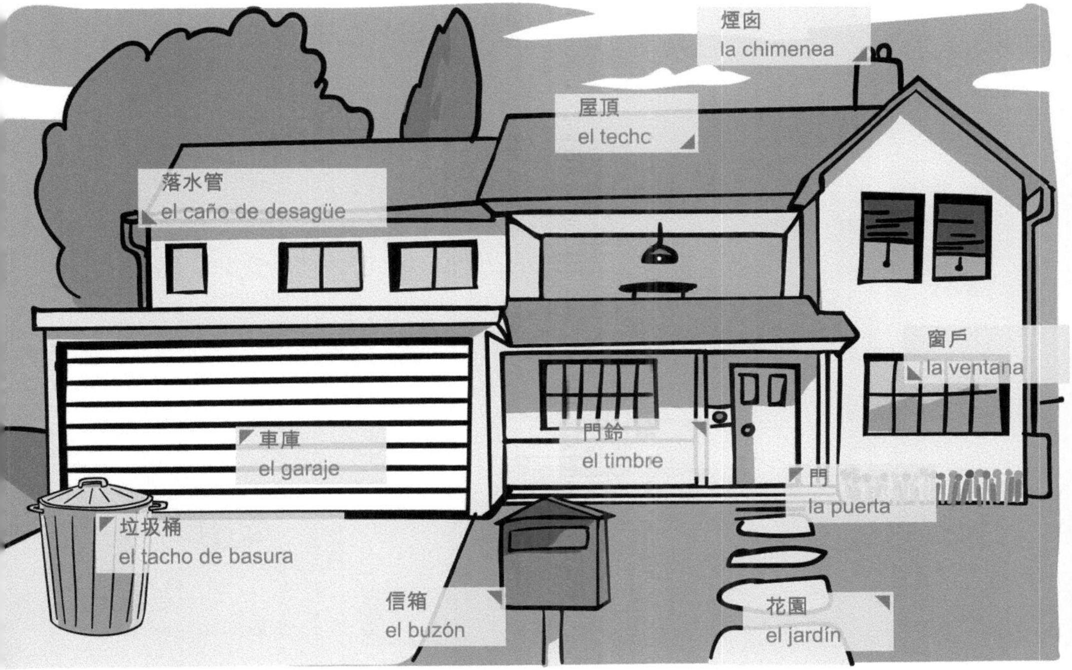
煙囪
la chimenea
屋頂
el techc
落水管
el caño de desagüe
窗戶
la ventana
車庫
el garaje
門鈴
el timbre
門
la puerta
垃圾桶
el tacho de basura
信箱
el buzón
花園
el jardín

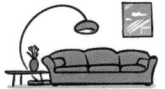

客廳

el living

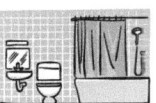

浴室

el baño

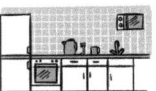

廚房

la cocina

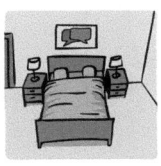

臥室

el dormitorio

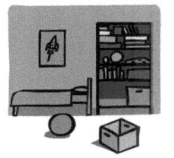

兒童房

el cuarto de los chicos

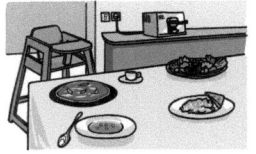

餐廳

el comedor

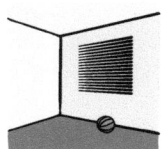

地板
el piso

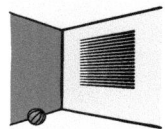

牆壁
la pared

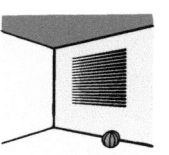

天花板
el cielorraso

地窖
el sótano

三溫暖
el sauna

陽臺
el balcón

露臺
la terraza

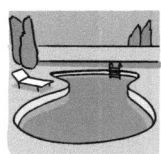

游泳池
la pileta

割草機
la cortadora de pasto

被單
la sábana

床罩
el acolchado

床
la cama

掃帚
la escoba

水桶
el balde

開關
el interruptor

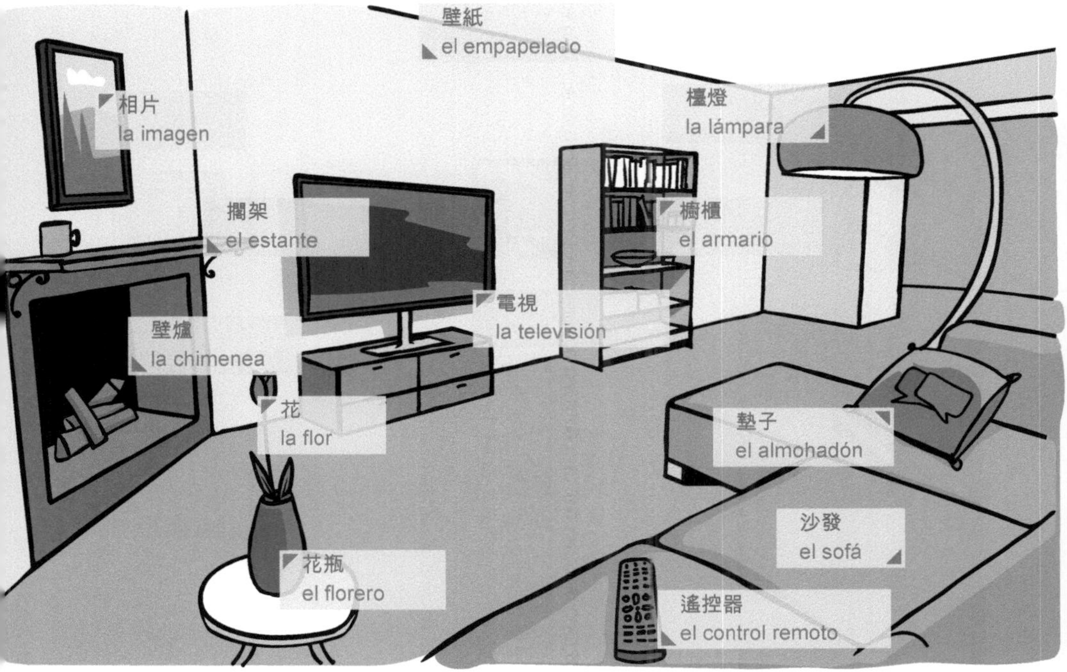

壁紙
el empapelaco

相片
la imagen

檯燈
la lámpara

擱架
el estante

櫥櫃
el armario

電視
la televisión

壁爐
la chimenea

花
la flor

墊子
el almohadón

沙發
el sofá

花瓶
el florero

遙控器
el control remoto

地毯
la alfombra

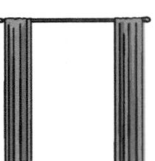

窗簾
la cortina

餐桌
la mesa

椅子
la silla

搖椅
la mecedora

扶手椅
el sillón

書
el libro

毯子
la frazada

裝飾品
la decoración

木柴
la leña

電影
la película

高傳真音響
el equipo de música

鑰匙
la llave

報紙
el diario

油畫
la pintura

海報
el póster

收音機
la radio

筆記本
el cuaderno

吸塵器
la aspiradora

仙人掌
el cactus

蠟燭
la vela

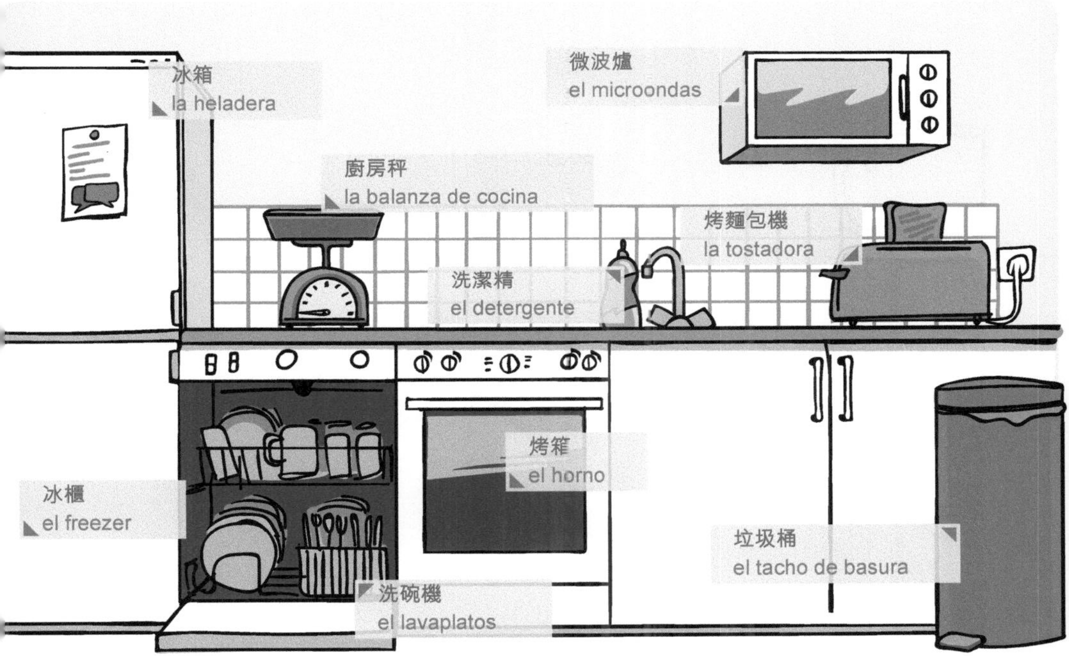

冰箱
la heladera

微波爐
el microondas

廚房秤
la balanza de cocina

烤麵包機
la tostadora

洗潔精
el detergente

冰櫃
el freezer

烤箱
el horno

垃圾桶
el tacho de basura

洗碗機
el lavaplatos

炊具

la cocina

鍋

la olla

鑄鐵鍋

la olla de hierro fundido

炒鍋

el wok

平底鍋

la sartén

水壺

la pava

蒸鍋

la vaporera

烤盤

la bandeja de horno

陶瓷鍋

la vajilla

馬克杯

la taza

碗

el bol

筷子

los palitos

長柄勺

el cucharón

鏟子

la espátula

攪拌器

la batidora

濾網

el colador

篩子

el colador

磨碎機

el rallador

研缽

el mortero

燒烤

la parrilla

明火

la fogata

菜板

la tabla de picar

揉麵杖

el palo de amasar

開瓶器

el sacacorchos

罐子

la lata

開罐器

el abrelatas

隔熱手套

la manopla

水槽

la pileta

刷子

el cepillo

海綿

la esponja

攪拌機

la batidora

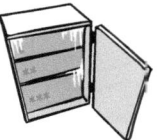

冷藏箱

el congelador

奶瓶

la mamadera

水龍頭

la canilla

浴室

el baño

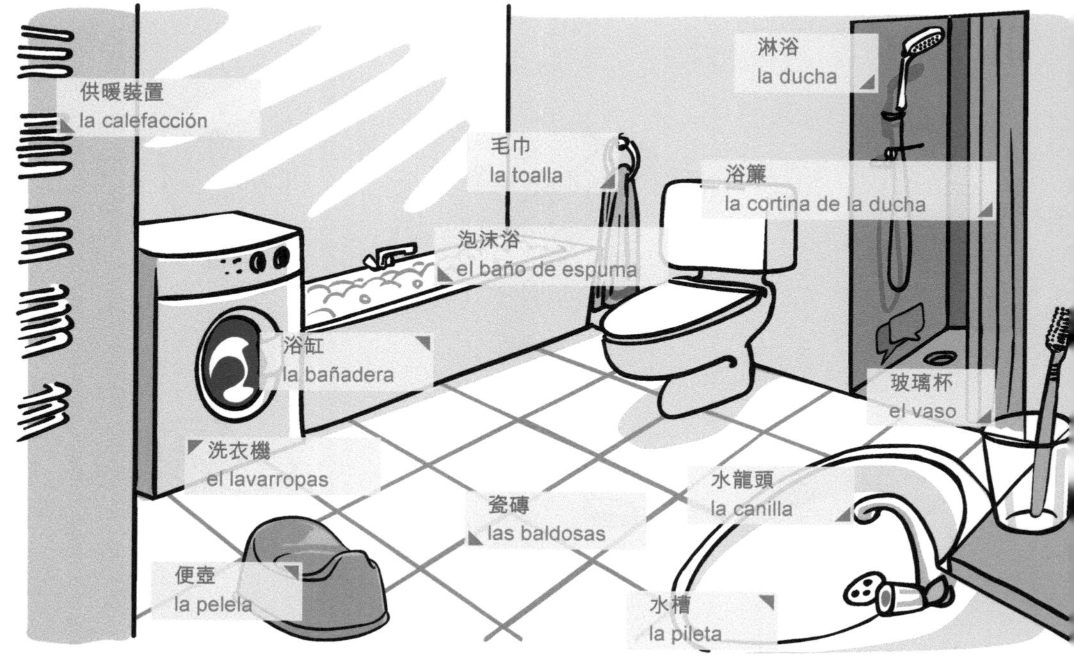
供暖裝置
la calefacción
毛巾
la toalla
淋浴
la ducha
浴簾
la cortina de la ducha
泡沫浴
el baño de espuma
浴缸
la bañadera
玻璃杯
el vaso
洗衣機
el lavarropas
瓷磚
las baldosas
水龍頭
la canilla
便壺
la pelela
水槽
la pileta

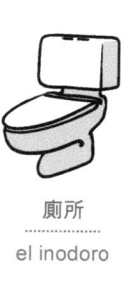

廁所

el inodoro

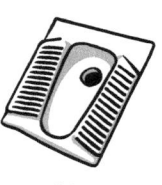

蹲便器

la letrina

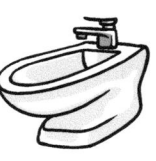

坐浴器

el bidé

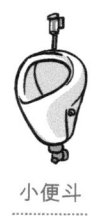

小便斗

el mingitorio

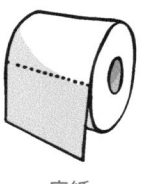

廁紙

el papel higiénico

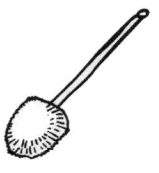

馬桶刷

el cepillo para el inodoro

牙刷
el cepillo de dientes

牙膏
el dentífrico

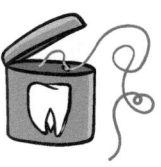

牙線
el hilo dental

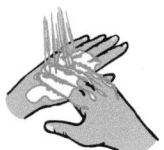

洗
lavar

手持式蓮蓬頭
la ducha de mano

沖洗器
la ducha higiénica

洗臉盆
la palangana

洗背刷
el cepillo para la espalda

肥皂
el jabón

沐浴露
el gel de ducha

洗髮乳
el shampoo

法蘭絨
la toallita

排水
el desagüe

乳霜
la crema

除臭劑
el desodorante

鏡子
el espejo

手鏡
el espejito

刮鬚刀
la maquinita de afeitar

刮鬚泡沫
la espuma de afeitar

鬚後水
el aftershave

梳子
el peine

刷子
el cepillo

吹風機
el secador de pelo

噴髮定型劑
el spray

化妝品
el maquillaje

唇膏
el lápiz de labios

指甲油
el esmalte para uñas

化妝棉
el algodón

指甲剪
la tijera para uñas

香水
el perfume

洗漱包

el portacosméticos

凳子

la banqueta

計重秤

la balanza

浴袍

la bata

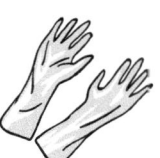

橡膠手套

los guantes de goma

衛生棉條

el tampón

衛生棉

la toallita femenina

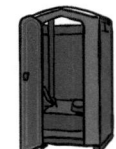

化學廁所

el baño químico

浴室 - el baño

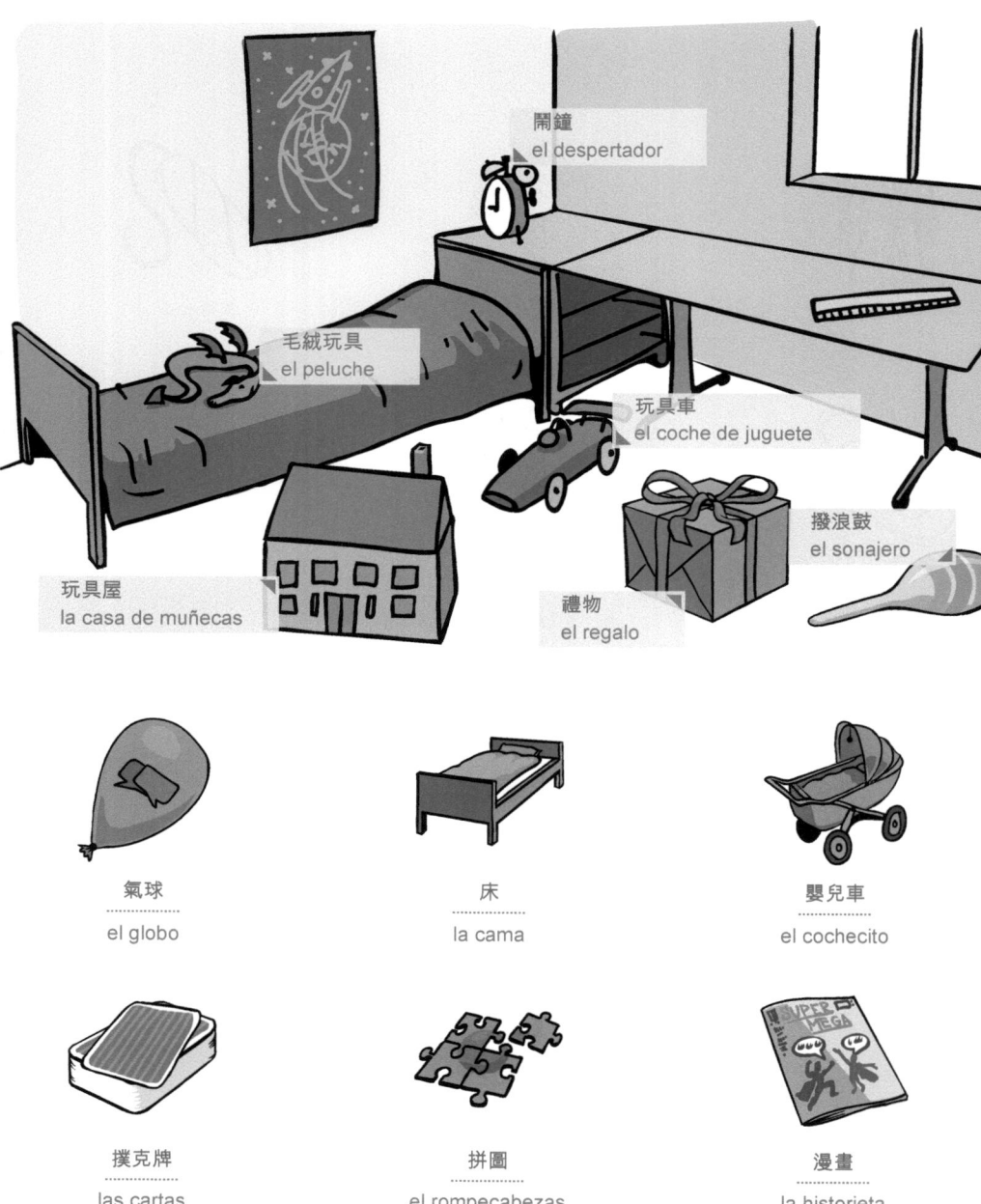

鬧鐘
el despertador

毛絨玩具
el peluche

玩具車
el coche de juguete

撥浪鼓
el sonajero

玩具屋
la casa de muñecas

禮物
el regalo

氣球
el globo

床
la cama

嬰兒車
el cochecito

撲克牌
las cartas

拼圖
el rompecabezas

漫畫
la historieta

樂高積木

las piezas de lego

積木玩具

los ladrillos de juguete

公仔

la figura de acción

嬰兒服

el enterito (de bebé)

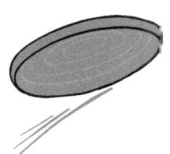

飛盤

el frisbee

床鈴玩具

el móvil para bebés

棋盤遊戲

el juego de mesa

骰子

los dados

火車模型

el tren eléctrico

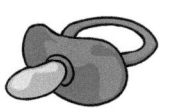

安撫奶嘴

el chupete

派對

la fiesta

繪本

el libro de cuentos ilustrado

球

la pelota

洋娃娃

la muñeca

玩

jugar

沙坑
el arenero

鞦韆
la hamaca

玩具
los juguetes

電玩遊戲
la consola de videojuegos

三輪車
el triciclo

泰迪熊
el osito de peluche

衣櫃
el armario

衣服
la ropa

襪子
las medias

長襪
las medias panty

緊身褲
las calzas

圍巾
la bufanda

雨傘
el paraguas

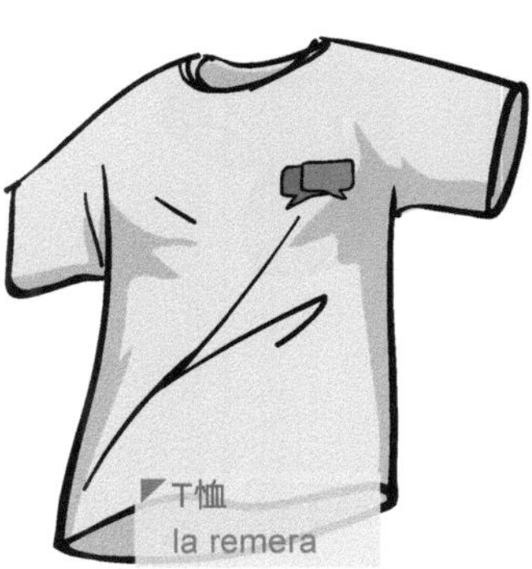

皮帶
el cinturón

T恤
la remera

靴子
las botas

拖鞋
las pantuflas

運動鞋
las zapatillas

涼鞋

las sandalias

鞋

los zapatos

雨靴

las botas de goma

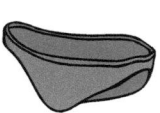

內褲

la ropa interior

胸罩

el corpiño

背心

el chaleco

身體

el body

褲子

los pantalones

牛仔褲

los jeans

短裙

la pollera

女式襯衫

la blusa

襯衫

la camisa

套頭衫

el pulóver

連帽上衣

el buzo

西裝夾克

el blazer

夾克

la campera

外套

el tapado

雨衣

el piloto

套裝

el traje

連衣裙

el vestido

婚紗

el vestido de novia

西裝

el traje

睡袍

el camisón

睡衣

el pijama

莎麗

el sari

頭巾

el pañuelo para la cabeza

包頭巾

el turbante

波卡

la burka

卡夫坦

el caftán

(阿拉伯式)長袍

la abaya

泳衣

el traje de baño

男式泳褲

el short de baño

短褲

los shorts

運動服

el jogging

圍裙

el delantal

手套

los guantes

衣服 - la ropa

47

鈕扣

el botón

眼鏡

los anteojos

手鏈

la pulsera

項鍊

el collar

戒指

el anillo

耳環

el aro

便帽

la gorra

衣架

la percha

帽子

el sombrero

領帶

la corbata

拉鍊

el cierre

安全帽

el casco

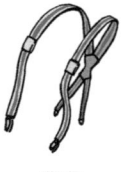

背帶

los tiradores

校服

el uniforme escolar

制服

el uniforme

圍兜
el babero

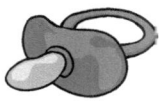

安撫奶嘴
el chupete

尿布
el pañal

辦公室
la oficina

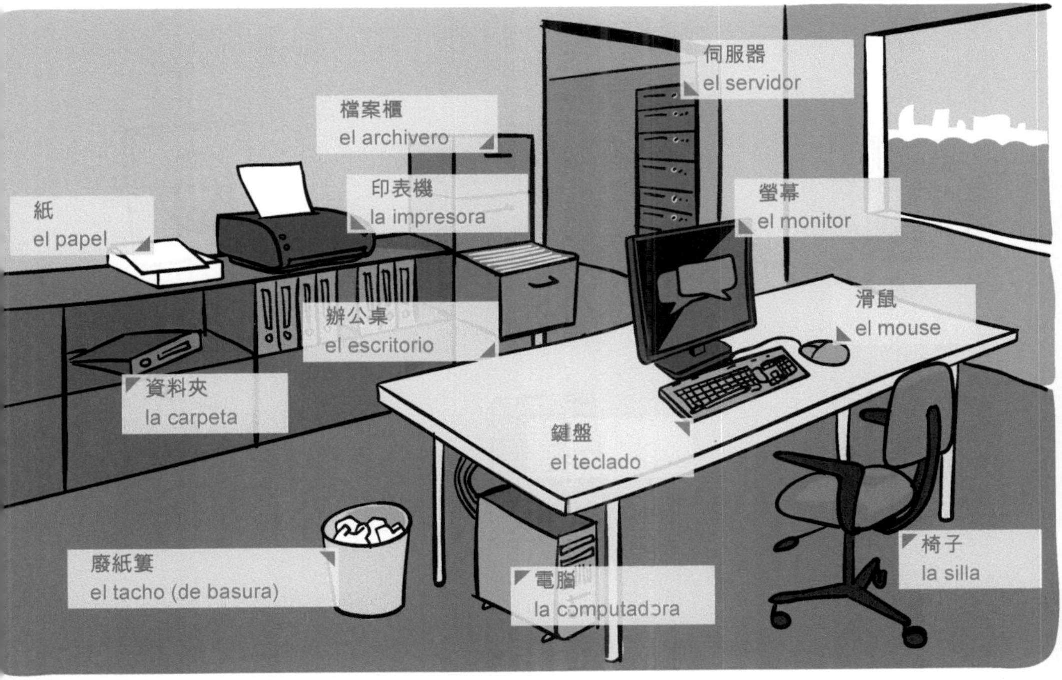

伺服器
el servidor

檔案櫃
el archivero

印表機
la impresora

螢幕
el monitor

紙
el papel

滑鼠
el mouse

辦公桌
el escritorio

資料夾
la carpeta

鍵盤
el teclado

廢紙簍
el tacho (de basura)

椅子
la silla

電腦
la computadora

咖啡杯
la taza de café

計算機
la calculadora

網際網路
el internet

筆記型電腦
la laptop

信件
la carta

簡訊
el mensaje

行動電話
el celular

網路
la red

影印機
la fotocopiadora

軟體
el software

電話
el teléfono

插座
el tomacorriente

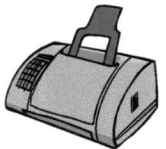

傳真機
el fax

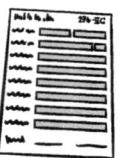

表格
el formulario

檔案
el documento

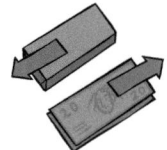

買
comprar

付錢
pagar

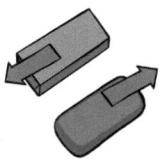

交易
hacer negocios

現金
el dinero

美元
el dólar

歐元
el euro

日元
el yen

盧布
el rublo

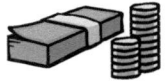

瑞士法郎
el franco suizo

人民幣
el yuan

盧比
la rupia

提款處
el cajero automático

外幣兌換處

la casa de cambio

金

el oro

銀

la plata

石油

el petróleo

能源

la energía

價格

el precio

合約

el contrato

稅金

el impuesto

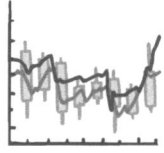

股票

la acción

工作

trabajar

職員

el empleado

老闆

el empleador

工廠

la fábrica

商店

el negocio

las ocupaciones

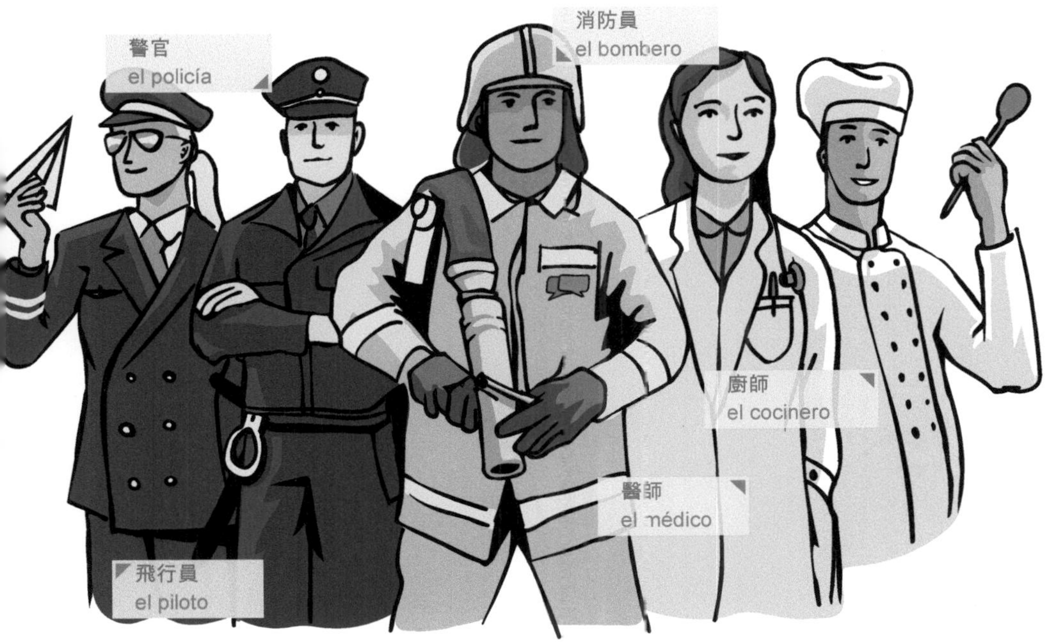
警官
el policía
消防員
el bombero
廚師
el cocinero
醫師
el médico
飛行員
el piloto

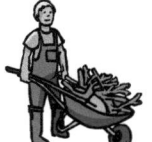

園丁

el jardinero

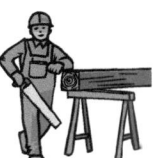

木匠

el carpintero

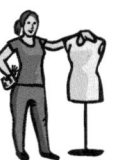

裁縫

la modista

法官

el juez

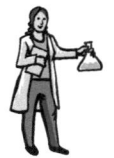

化學家

el farmacéutico

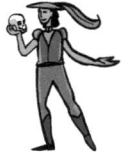

演員

el actor

公車司機

el colectivero

計程車司機

el taxista

漁夫

el pescador

清洗女工

la mucama

屋頂工

el techista

服務生

el mozo

獵人

el cazador

畫家

el pintor

麵包師

el panadero

電工

el electricista

建築工人

el albañil

工程師

el ingeniero

屠夫

el carnicero

水管工

el plomero

郵差

el cartero

士兵

el soldado

建築師

el arquitecto

收銀員

el cajero

花農

el florista

理髮師

el peluquero

售票員

el cobrador

機械技師

el mecánico

船長

el capitán

牙醫

el dentista

科學家

el científico

拉比

el rabino

伊瑪目

el imán

和尚

el monje

牧師

el sacerdote

las herramientas

鉗子
la tenaza

鐵錘
el martillo

螺絲起子
el destornillador

扳手
la llave

手電筒
la linterna

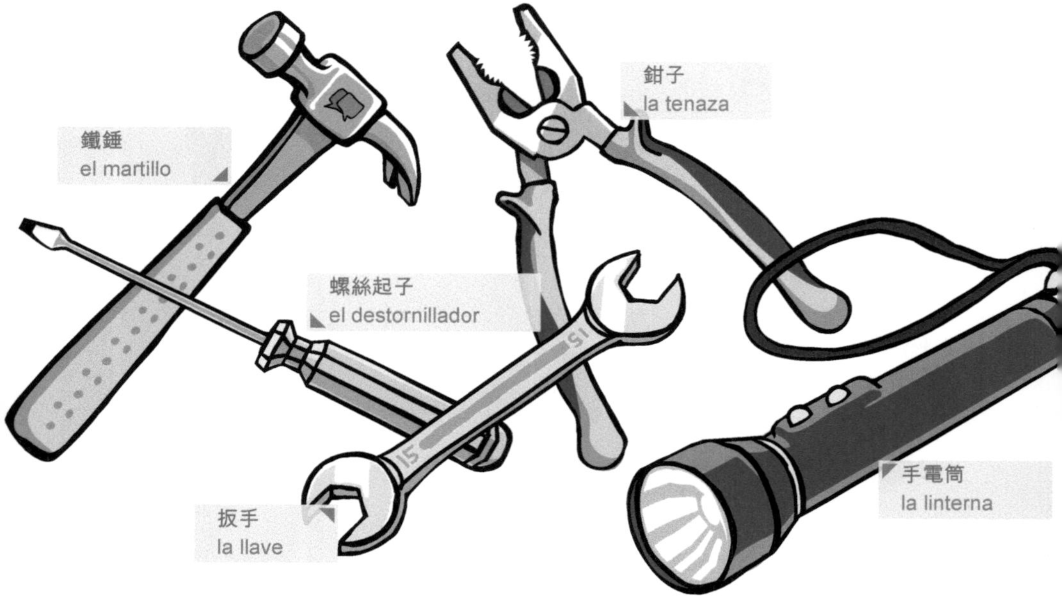

挖掘機

la excavadora

工具箱

la caja de herramientas

梯子

la escalera portátil

鋸子

la sierra

釘子

los clavos

鑽機

el taladro

修
arreglar

鏟子
la pala de jardín

糟糕！
¡Qué bronca!

畚箕
la pala de plástico

油漆桶
el tacho de pintura

螺絲
los tornillos

樂器
los instrumentos musicales

打擊樂器
la batería

揚聲器
el parlante

吉他
la guitarra

低音提琴
el contrabajo

小號
la trompeta

鋼琴
el piano

小提琴
el violín

貝斯
el bajo

定音鼓
los timbales

鼓
el tambor

電子琴
el teclado

薩克斯風
el saxofón

長笛
la flauta

麥克風
el micrófono

動物園
el zoológico

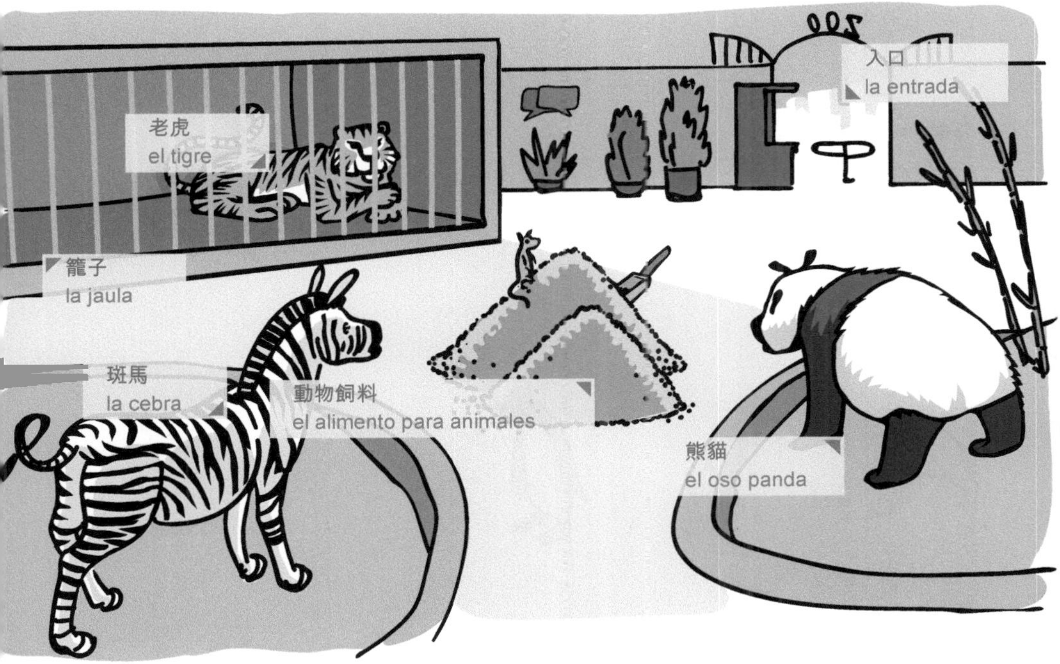
入口
la entrada
老虎
el tigre
籠子
la jaula
斑馬
la cebra
動物飼料
el alimento para animales
熊貓
el oso panda

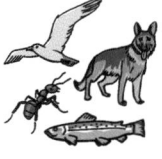

動物
los animales

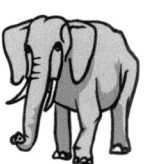

大象
el elefante

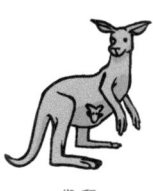

袋鼠
el canguro

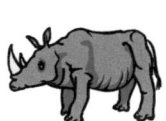

犀牛
el rinoceronte

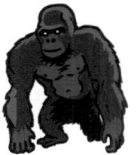

大猩猩
el gorila

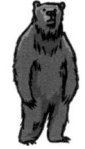

熊
el oso

駱駝

el camello

鴕鳥

el avestruz

獅子

el león

猴子

el mono

紅鶴

el flamenco

鸚鵡

el loro

北極熊

el oso polar

企鵝

el pingüino

鯊魚

el tiburón

孔雀

el pavo real

蛇

la serpiente

鱷魚

el cocodrilo

動物園管理員

el cuidador del zoológico

海豹

la foca

美洲豹

el jaguar

矮種馬

el poni

豹

el leopardo

河馬

el hipopótamo

長頸鹿

la jirafa

老鷹

el águila

野豬

el jabalí

魚

el pescado

龜

la tortuga

海象

la morsa

狐狸

el zorro

羚羊

la gacela

動物園 - el zoológico

橄欖球
el fútbol americano

騎腳踏車
el ciclismo

網球
el tenis

籃球
el básquet

游泳
la natación

拳擊
el boxeo

冰球
el hockey sobre hielo

美式足球
el fútbol

羽毛球
el bádminton

田徑
el atletismo

手球
el handball

滑雪
el esquí

馬球
el polo

活動
las actividades

笑
reír
跳
saltar
擁抱
abrazar
走路
caminar
唱
cantar
做夢
soñar
祈禱
rezar
親吻
besar

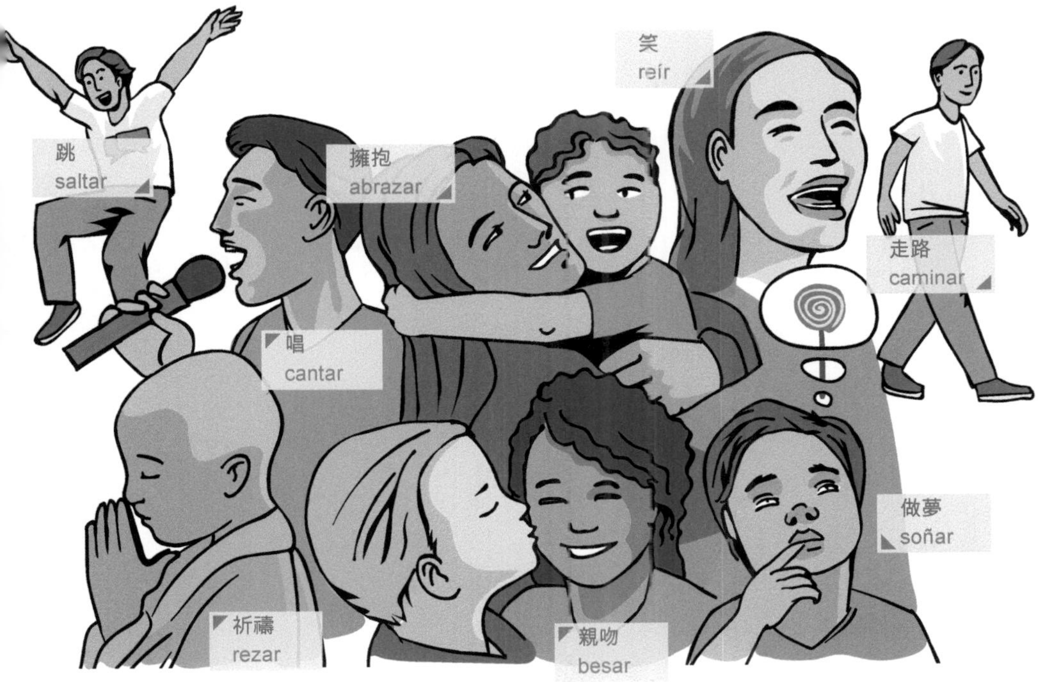

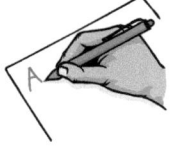

書寫
escribir

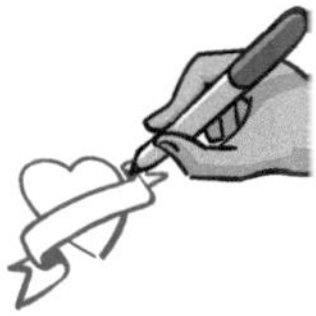

畫
dibujar

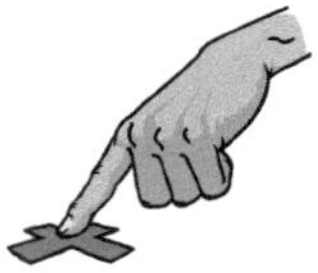

展示
mostrar

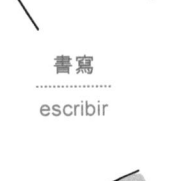

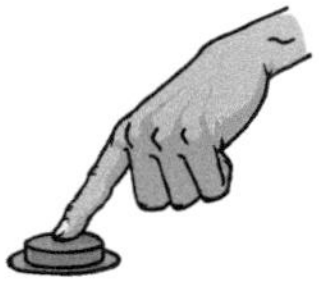

推
presionar

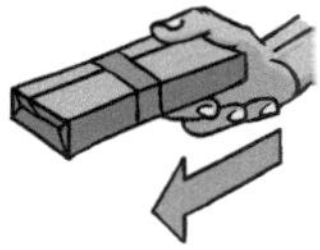

給
dar

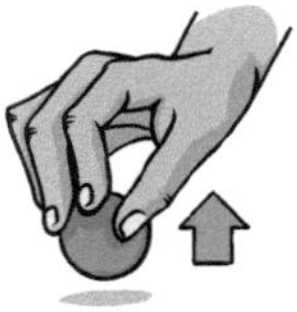

拿
tomar

有
tener

做
hacer

當
ser

站
estar parado

跑
correr

拉
tirar

丟
tirar

摔倒
caer

躺
estar acostado

等待
esperar

攜帶
llevar

坐
estar sentado

穿衣
vestirse

睡覺
dormir

醒來
despertar

看
mirar

哭
llorar

擊
acariciar

梳頭
peinar

交談
hablar

明白
entender

問
preguntar

聽
escuchar

喝
beber

吃
comer

清理
ordenar

愛
amar

做飯
cocinar

開車
manejar

飛
volar

航行

navegar

計算

calcular

讀

leer

學習

aprender

工作

trabajar

結婚

casarse

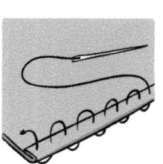

縫

coser

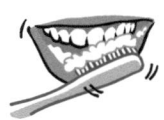

刷牙

cepillarse los dientes

殺

matar

抽菸

fumar

寄

enviar

la familia

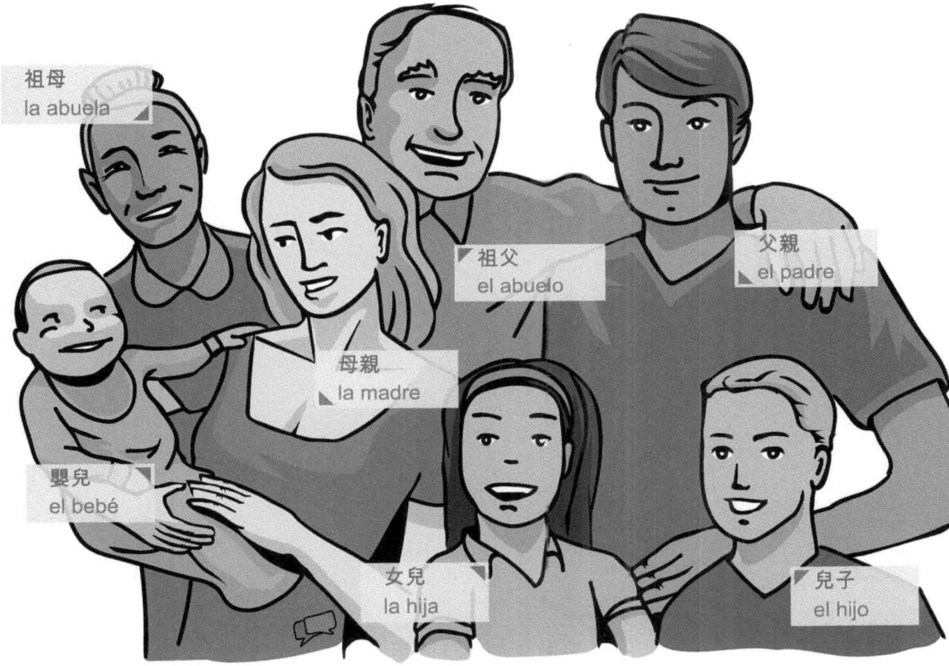
祖母
la abuela
祖父
el abuelo
父親
el padre
母親
la madre
嬰兒
el bebé
女兒
la hija
兒子
el hijo

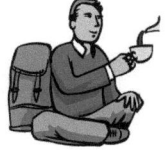

客人

el invitado

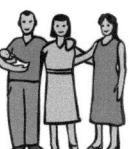

阿姨

la tía

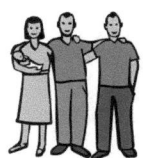

叔叔

el tío

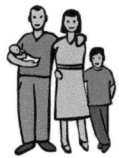

兄弟

el hermano

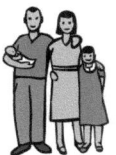

姐妹

la hermana

身體

el cuerpo

前額
la frente
眼睛
el ojo
臉
la cara
下巴
la pera
乳房
el pecho
手指
el dedo
手
la mano
手臂
el brazo
肩膀
el hombro
腿
la pierna

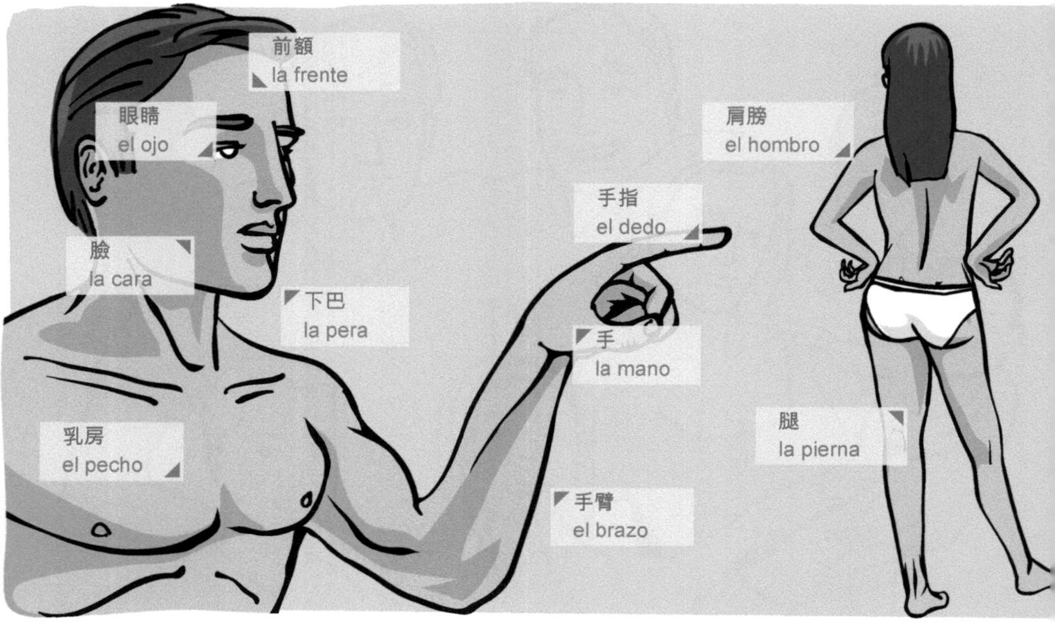

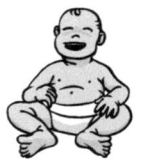

嬰兒

el bebé

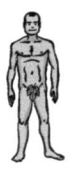

男人

el hombre

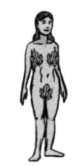

女人

la mujer

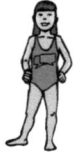

女孩

la nena

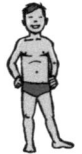

男孩

el nene

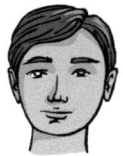

頭

la cabeza

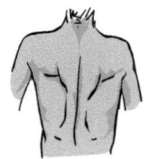

背部

la espalda

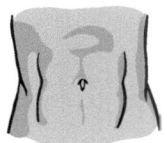

肚子

la panza

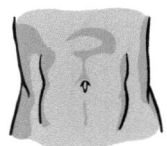

肚臍

el ombligo

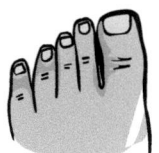

腳趾

el dedo del pie

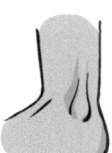

腳後跟

el talón

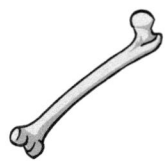

骨頭

el hueso

臀部

la cadera

膝蓋

la rodilla

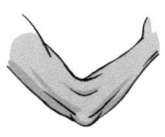

手肘

el codo

鼻子

la nariz

屁股

la cola

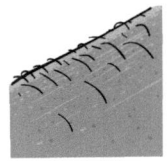

皮膚

la piel

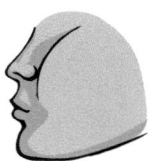

臉頰

el cachete

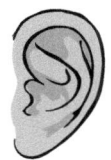

耳朵

la oreja

嘴唇

el labio

身體 - el cuerpo

69

嘴

la boca

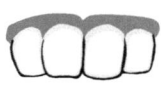

牙齒

el diente

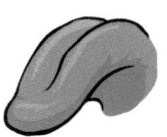

舌頭

la lengua

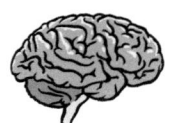

腦

el cerebro

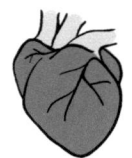

心臟

el corazón

肌肉

el músculo

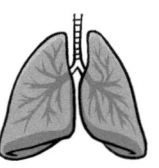

肺

el pulmón

肝臟

el hígado

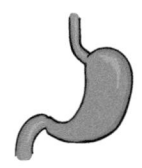

胃

el estómago

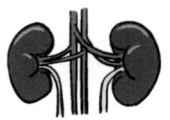

腎臟

los riñones

性交

el sexo

保險套

el preservativo

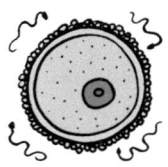

卵子

el óvulo

精子

el semen

懷孕

el embarazo

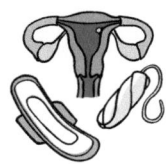

月事

la menstruación

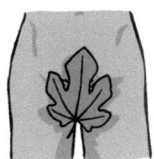

陰道

la vagina

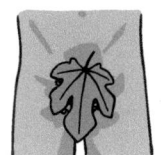

陰莖

el pene

眉毛

la ceja

頭髮

el pelo

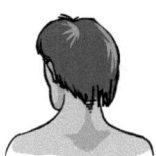

脖子

el cuello

醫院

el hospital

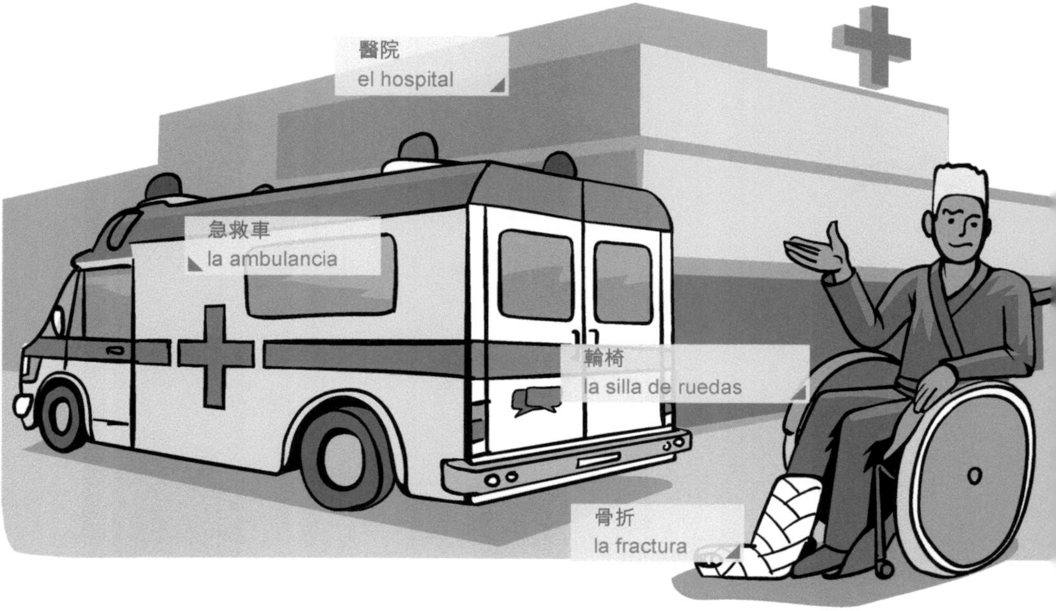

醫院
el hospital
急救車
la ambulancia
輪椅
la silla de ruedas
骨折
la fractura

醫師

el médico

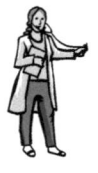

急診室

la sala de guardia

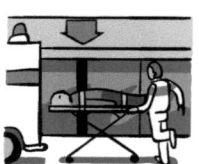

護理師

la enfermera

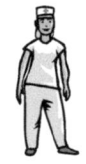

緊急情形

la emergencia

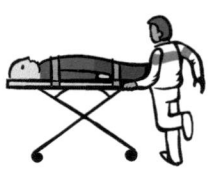

昏迷

inconsciente

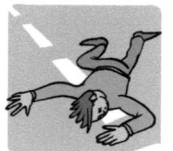

痛

el dolor

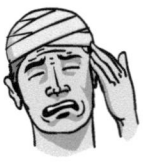

受傷

la lesión

出血

la hemorragia

心臟病發作

el infarto

中風

el ACV

過敏

la alergia

咳嗽

la tos

發燒

la fiebre

流感

la gripe

腹瀉

la diarrea

頭痛

el dolor de cabeza

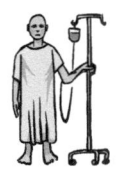

癌症

el cáncer

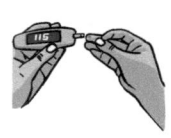

糖尿病

la diabetes

外科醫師

el cirujano

手術刀

el bisturí

手術

la operación

電腦斷層掃描
la TC

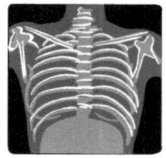

X光
los rayos x

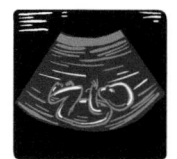

超音波
la ecografía

口罩
el barbijo

疾病
la enfermedad

候診室
la sala de espera

拐杖
la muleta

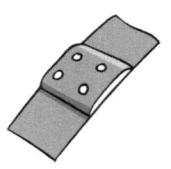

石膏
la curita

繃帶
la venda

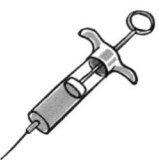

注射
la inyección

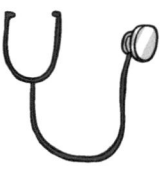

聽診器
el estetoscopio

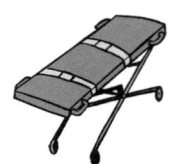

擔架
la camilla

體溫計
el termómetro

出生
el nacimiento

超重
el sobrepeso

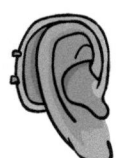

助聽器
el audífono

消毒液
el desinfectante

感染
la infección

病毒
el virus

愛滋病
el VIH / SIDA

藥物
el remedio

接種疫苗
la vacunación

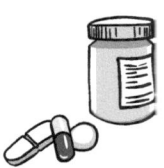

藥片
los comprimidos

藥丸
la pastilla anticonceptiva

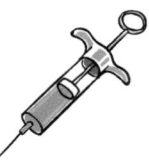

急救電話
la llamada de emergencia

血壓計
el tensiómetro

生病/健康
enfermo / sano

救命！

¡Ayuda!

警報

la alarma

突擊

la agresión

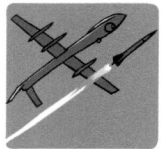

攻擊

el ataque

危險

el peligro

緊急出口

la salida de emergencia

失火了！

¡Fuego!

滅火器

el matafuego

意外

el accidente

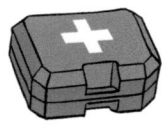

急救箱

el botiquín de primeros auxilios

呼救訊號

el SOS

員警

la policía

歐洲

Europa

北美洲

América del Norte

南美洲

América del Sur

非洲

África

亞洲

Asia

澳洲

Australia

大西洋

el Atlántico

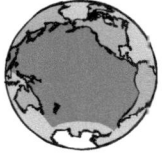

太平洋

el Pacífico

印度洋

el Océano Índico

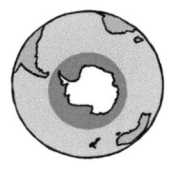

南冰洋

el Océano Antártico

北冰洋

el Océano Ártico

北極

el polo norte

南極

el polo sur

南極洲

la Antártida

地球

la Tierra

陸地

la tierra

海

el mar

島

la isla

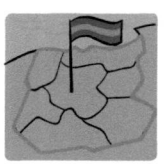

國家

la nación

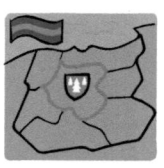

州

el estado

錶盤
....
la esfera

時針
....
la manecilla de las horas

分針
....
el minutero

秒針
....
el segundero

現在幾點？
....
¿Qué hora es?

天
....
el día

時間
....
la hora

現在
....
ahora

電子錶
....
el reloj digital

分
....
el minuto

時
....
la hora

週

la semana

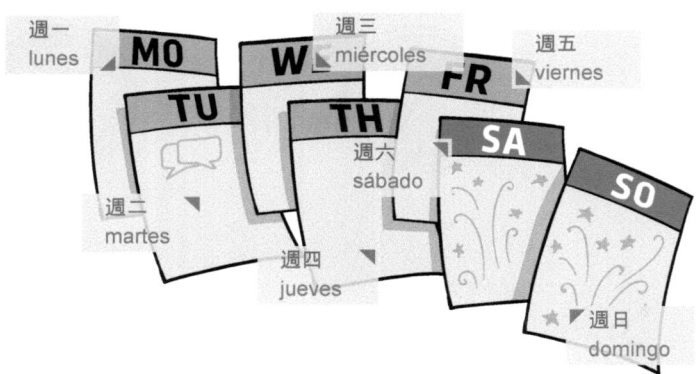

週一 lunes
週三 miércoles
週五 viernes
週二 martes
週四 jueves
週六 sábado
週日 domingo

昨天
....
ayer

今天
....
hoy

明天
....
mañana

早晨
....
la mañana

中午
....
el mediodía

晚上
....
la tarde

工作日
....
los días hábiles

週末
....
el fin de semana

年

el año

雨
la lluvia
彩虹
el arco iris
雪
la nieve
風
el viento
春
la primavera
秋
el otoño
夏
el verano
冬
el invierno

4.APRIL 11°
5.APRIL 4°
6.APRIL 13°
7.APRIL 8°
8.APRIL 10°

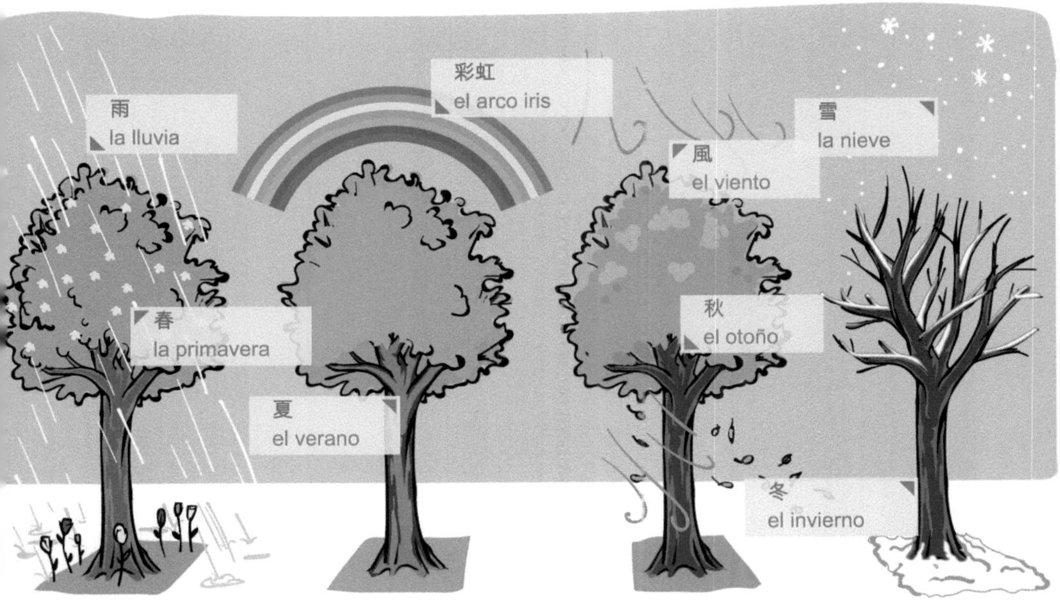

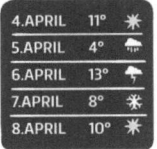

天氣預告

el pronóstico meteorológico

F
C

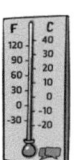

溫度計

el termómetrc

陽光

la luz del sol

雲

la nube

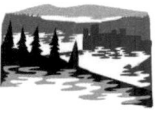

霧

la niebla

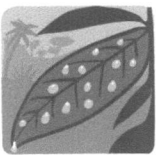

潮濕

la humedad

閃電

el rayo

打雷

el trueno

風暴

la tormenta

冰雹

el granizo

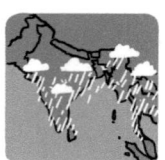

季風

el monzón

洪水

la inundación

冰

el hielo

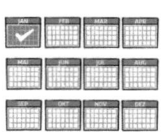

一月

enero

二月

febrero

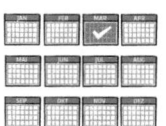

三月

marzo

四月

abril

五月

mayo

六月

junio

七月

julio

八月

agosto

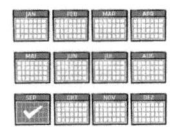

九月

septiembre

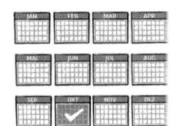

十月

octubre

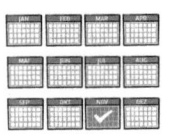

十一月

noviembre

十二月

diciembre

形狀
las formas

圓形

el círculo

正方形

el cuadrado

長方形

el rectángulo

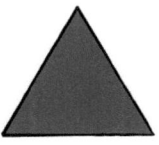

三角形

el triángulo

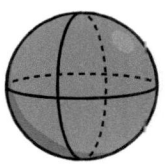

球體

la esfera

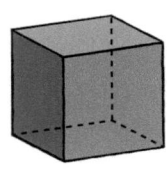

立方體

el cubo

白

blanco

黃

amarillo

橙

naranja

粉

rosa

紅

rojo

紫

violeta

藍

azul

綠

verde

棕

marrón

灰

gris

黑

negro

很多/少許

mucho / poco

生氣/平靜

enojado / tranquilo

美/醜

lindo / feo

首/尾

el principio / el fin

大/小

grande / chico

明/暗

claro / oscuro

兄弟/姐妹

el hermano / la hermana

乾淨/骯髒

limpio / sucio

完整/缺失

completo / incompleto

白天/晚上

el día / la noche

死/生

muerto / vivo

寬/窄

ancho / angosto

可食用/非食用

comestible / no comestible

邪惡/善良

malo / amable

興奮/無聊

entusiasmado / aburrido

胖/瘦

gordo / flaco

第一/最後

primero / último

朋友/敵人

el amigo / el enemigo

滿/空

lleno / vacío

硬/軟

duro / blando

重/輕

pesado / liviano

餓/渴

el hambre / la sed

生病/健康

enfermo / sano

非法/合法

ilegal / legal

聰明/愚笨

inteligente / estúpido

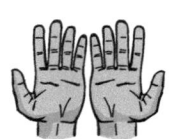

左/右

izquierda / derecha

近/遠

cerca / lejos

新/舊

nuevo / usado

沒有/有些

nada / algo

老/幼

viejo / joven

開/關

encendido / apagado

打開/闔上

abierto / cerrado

安靜/吵鬧

silencioso / ruidoso

富/窮

rico / pobre

對/錯

correcto / incorrecto

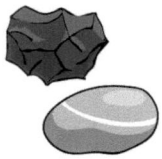

粗糙/光滑

áspero / suave

傷心/高興

triste / contento

短/長

corto / largo

慢/快

lento / rápido

濕/乾

mojado / seco

溫暖/涼爽

caliente / frío

戰爭/和平

guerra / paz

0

零

cero

1

一

uno

2

二

dos

3

三

tres

4

四

cuatro

5

五

cinco

6

六

seis

7

七

siete

8

八

ocho

9

九

nueve

10

十

diez

11

十一

once

12
十二
doce

13
十三
trece

14
十四
catorce

15
十五
quince

16
十六
dieciséis

17
十七
diecisiete

18
十八
dieciocho

19
十九
diecinueve

20
二十
veinte

100
百
cien

1.000
千
mil

1.000.000
百萬
el millón

數字 - los números

英語

el inglés

美式英語

el inglés americano

普通話

el chino mandarín

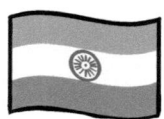

印地語

el hindi

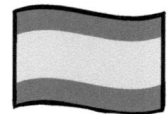

西班牙語

el español

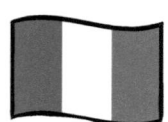

法語

el francés

阿拉伯語

el árabe

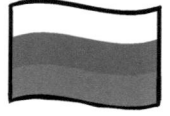

俄語

el ruso

葡萄牙語

el portugués

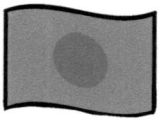

孟加拉語

el bengalí

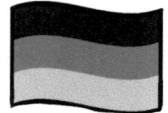

德語

el alemán

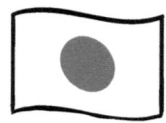

日語

el japonés

我
yo

你
vos

他/她/它
él / ella

我們
nosotros

你們
ustedes

他們
ellos

誰？
¿quién?

什麼？
¿qué?

如何？
¿cómo?

何處？
¿dónde?

何時？
¿cuándo?

名字
el nombre

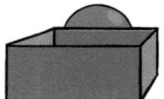

後面

detrás

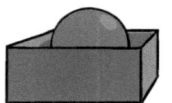

裡面

en

前面

adelante de

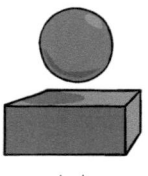

上方

por encima de

上面

sobre

下麵

debajo de

旁邊

al lado de

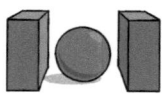

中間

entre

地點

el lugar